Rosa Maria Ramalho

Um passeio pela Lapinha
Poemas de Natal

ilustrado por
Werner Schulz

Paulinas

Para Vovó Maria e minhas irmãs Fabiana, Ana Paula, Clarice, Cristiane, Nayá e Tereza.

Aquela noite santa era fria e poucos estavam lá – animais, pastores e magos do Oriente. Mas, mesmo aqueles que não presenciaram, tiveram suas vidas marcadas por tão grande acontecimento. Convido você a fazer um passeio pela Lapinha, o lugar onde Jesus nasceu, e descobrir os encantos de Belém.

Manjedoura em Belém

Numa manjedoura em Belém,
foi assim que você quis nascer, ó Menino!
Agrada-lhe a acolhida e o calor dos animais
e a visita dos simples pastores.

Maria e José

Ó noite solene, ó noite bendita!
Ó Maria, ó José!
Vocês fizeram morada no coração de Deus!
Porém, entre os homens,
não conseguiram um lugar para ficar.
Ó conforto divino!
Pois, assim, apresentaram
o Filho de Deus
em primeiro lugar aos pequeninos,
sob o olhar de toda a criação.

Animais

Ladeado,
observado e acolhido,
por todos, enfim, aquecido.
Aqui você pode ficar.
Sinta-se em casa, Menino Jesus!

Anjos

Todo o céu, um infinito brilho.
Um anjo faz o grande anúncio,
e a multidão de vozes celestiais
segue cantando —
Glória a Deus nas alturas.

Pastores

O que somos, nós bem sabemos.
O que ouvimos da boca dos anjos,
esperávamos.
Você quis ser um de nós,
Jesus, o nosso Bom Pastor.

Estrela

Naquela noite, ela aumentou
a intensidade do seu brilho.
Sabia que indicava o caminho
e, por isso mesmo,
mostrou aos sábios e pequeninos
onde estava o Salvador.

Magos do Oriente

Sempre em busca!
Seguindo a estrela,
está o nosso coração,
ó Menino Rei.
Depois que o encontramos,
não mais retornamos
pelo mesmo caminho.

Dados Internacionais de Catalogação na Publicação (CIP)
(Câmara Brasileira do Livro, SP, Brasil)

Ramalho, Rosa Maria
   Um passeio pela Lapinha : poemas de Natal / Rosa Maria Ramalho. – São Paulo : Paulinas, 2011.

   ISBN 978-85-356-2881-4

   1. Natal 2. Poesia brasileira I. Título.

11-09176   CDD-869.91

Índice para catálogo sistemático:
   1. Poesia : Literatura brasileira 869.91

1ª edição – 2011
2ª reimpressão – 2021

Direção-geral: *Bernadete Boff*
Editora responsável: *Andréia Schweitzer*
Copidesque: *Ana Cecilia Mari*
Coordenação de revisão: *Marina Mendonça*
Revisão: *Sandra Sinzato*
Gerente de produção: *Felício Calegaro Neto*
Capa e diagramação: *Telma Custódio*
Ilustrações: *Werner Schulz*

Nenhuma parte desta obra poderá ser reproduzida ou transmitida por qualquer forma e/ou quaisquer meios (eletrônico ou mecânico, incluindo fotocópia e gravação) ou arquivada em qualquer sistema ou banco de dados sem permissão escrita da Editora. Direitos reservados.

Paulinas
Rua Dona Inácia Uchoa, 62
04110-020 – São Paulo – SP (Brasil)
Tel.: (11) 2125-3500
http://www.paulinas.com.br – editora@paulinas.com.br
Telemarketing e SAC: 0800-7010081

© Pia Sociedade Filhas de São Paulo – São Paulo, 2011